GROUPE DES CHAMBRES SYNDICALES DU BATIMENT
DE SEINE-&-OISE
Siège Social : 96, rue des Chantiers — VERSAILLES

PRÉVENTION DES ACCIDENTS

DÉCRET DU 9 AOUT 1925

sur l'Hygiène et la Sécurité des Travailleurs

ACCOMPAGNÉ DE

RECOMMANDATIONS COMPLÉMENTAIRES

GRANDE IMPRIMERIE DE MEULAN
L. LAMBERT
37, rue Gambetta, 37

1928

GROUPE DES CHAMBRES SYNDICALES DU BATIMENT

DE SEINE-ET-OISE

Siège Social : 96, rue des Chantiers — VERSAILLES

RÈGLEMENT DE PRÉVENTION
DES ACCIDENTS

NOTA. — Les articles du décret du 9 août 1925 sur l'Hygiène et la Sécurité des travailleurs sont imprimés en gros caractères.

Les recommandations complémentaires du Groupe des Chambres Syndicales du Bâtiment de Seine-et-Oise sont imprimées en petite italique.

ARTICLE PREMIER. — Dans les chantiers se rattachant à l'industrie du Bâtiment et des Travaux Publics, les chefs d'industrie, directeurs ou préposés sont tenus, indépendamment des prescriptions (1) du chapitre 1er du titre II, livre II, du Code du Travail, article 65, et des mesures générales prescrites par les décrets du 10 juillet 1913 et 4 décembre 1915, de prendre des mesures particulières de protection et de salubrité énoncées aux articles suivants :

TITRE PREMIER

Dispositions générales

ART. 2. — Le matériel utilisé dans les chantiers pour l'établissement des échafaudages, échelles, passerelles, appareils de manutention ou de levage et tous autres engins ou installations, doit être d'une résistance suffisante pour supporter les charges et les efforts auxquels il sera soumis; il sera vérifié avant son emploi.

L'entrepreneur devra mettre sur le chantier même ou, en cas d'impossibilité, au siège de l'entreprise, à la disposition des ouvriers, un registre pour qu'ils puissent y consigner leurs observations en ce qui concerne l'état du matériel ou l'existence de causes susceptibles d'en compromettre la solidité et généralement l'application par l'entrepreneur des dispositions qui font l'objet du présent décret.

Ce registre, sur lequel l'entrepreneur pourra également consigner ses observations, devra être présenté à l'inspecteur du travail à chacune de ses visites et visé par lui.

---

(1) Voir en annexe, page 32.

Recommandation expresse 1 A. — Matériel. — *Avant d'entreprendre un travail quelconque, tout entrepreneur doit s'assurer qu'il aura à sa disposition, soit parce qu'il le possède lui-même, soit parce qu'il pense pouvoir l'acheter ou le louer, le matériel nécessaire à l'exécution de ce travail.*

Recommandation 2 A. — *Les entrepreneurs devront prendre toutes les précautions qui leur seront suggérées par l'expérience et par la nature spéciale des travaux exécutés.*

Ils devront, notamment, veiller rigoureusement à l'application des dispositions essentielles suivantes :

Dans tout chantier, le plus grand ordre est à recommander tant au point de vue de la sécurité du personnel que de la facilité des manœuvres.

La direction et la surveillance des travaux doivent être exercées par des personnes capables et expérimentées. Lorsque l'entrepreneur ne dirige pas l'entreprise lui-même par une présence continue, il doit faire choix, pour le remplacer, d'un représentant compétent.

Le personnel doit être choisi avec discernement et offrir toute garantie de capacité professionnelle.

L'entrepreneur doit exiger de ses chefs de chantier l'emploi exclusif d'ouvriers expérimentés, aptes au travail qui leur est confié.

Il est interdit d'employer des ouvriers sujets à des attaques d'épilepsie ou de vertige.

Il est interdit de laisser travailler un ouvrier en état d'ivresse; le maître-compagnon doit le faire conduire hors du chantier et veiller à ce qu'il n'y pénètre plus; il doit faire déposer ses vêtements et outils à la porte du chantier.

Les endroits particulièrement dangereux doivent être munis d'écriteaux ou fermés au moyen de grillages ou de protections et l'entrée doit être rigoureusement interdite à toute personne non autorisée.

Les chantiers et ateliers doivent être suffisamment éclairés.

Le matériel général d'entreprise, les machines, les échafaudages et les appareils de toutes natures doivent remplir toutes conditions techniques de bon fonctionnement et répondre, avec de larges coefficients de sécurité, à l'usage auquel ils sont destinés.

L'entrepreneur ou son représentant doivent s'assurer personnellement, par des visites périodiques fréquentes, de l'état du matériel en service et des appareils de sécurité qui doivent être constamment maintenus en parfait état de fonctionnement.

Les ouvriers doivent être placés dans les meilleures conditions hygiéniques compatibles avec le travail qui leur est demandé.

L'entrepreneur est tenu de se conformer à toutes les prescriptions des lois, règlements, décrets, arrêtés, sur la matière.

L'entrepreneur est tenu de remettre à chaque employé et chef de chantier le livret qui leur est destiné et contenant les prescriptions pour la prévention des accidents. Il est tenu également de faire afficher les prescriptions destinées aux ouvriers pour le même objet. Il est enfin tenu d'exiger l'application stricte de toutes ces prescriptions.

Recommandation 2 B. — Dispositions concernant les contremaîtres et chefs de chantier. — *Il est expressément recommandé aux employés et chefs de chantier de prendre l'initiative des mesures que la prudence et leur expérience professionnelle doivent leur suggérer pour assurer la sécurité des ouvriers.*

Ils doivent, notamment ;

1° *Exiger l'application stricte par les ouvriers des prescriptions pour la prévention des accidents.*

2° *Faire le nécessaire pour que toutes les intallations de leur chantier soient établies dans les conditions de sécurité voulues et conservées en bon état d'entretien.*

3° *Veiller à ce que le matériel et l'outillage soient maintenus en bon état.*

TITRE II

Appareils de levage et de manutention

ART. 3. — Avant leur mise en service sur le chantier, les appareils de levage ou de manutention doivent être vérifiés par l'entrepreneur ou son préposé, dans toutes leurs parties, et essayés en vue de s'assurer de leur solidité.

La vérification sera renouvelée chaque fois que ces appareils auront subi des démontages ou des modifications ou que l'une de leurs parties aura été remplacée. Elle sera renouvelée également lorsque des ouvriers signaleront le mauvais état des appareils ou l'existence de causes susceptibles de compromettre la solidité de ceux-ci.

Recommandation 3 A. — Matériel. — *Tout le matériel d'échafaudage doit être choisi dans les bois de première qualité; autant que possible ces bois devront être exempts de tous mauvais nœuds et de toute trace d'échauffement, ils devront être de fil autant que possible.*

Les échelons des échelles devront être faits en chêne, en acacia ou en cornouiller, être de grosseur suffisante et exempts de tous mauvais nœuds. Ils ne doivent pas tourner dans les montants.

Les montants des échelles devront être en bois de première qualité, très lisses, très droits et parfaitement dégauchis entre eux.

Il est recommandé de ne pas utiliser d'échelles fabriquées à la hâte par des personnes non spécialisées dans ce genre de travail, par exemple celles construites à l'aide de chevrons en sapin sur lesquels sont cloués des liteaux ou voliges.

Tous les cordages destinés au montage des matériaux lourds, ou ceux destinés à fixer entre elles les pièces d'un échafaudage, devront être en chanvre de première qualité garantis sur facture.

Le matériel roulant : wagonnets et tombereaux, devra être du modèle le plus perfectionné au point de vue de la prévention des accidents.

Recommandation 3 B. — Entretien. — *Après l'achèvement de chaque construction, le matériel devra être sérieusement examiné et expurgé.*

Il devra être débarrassé de tous les clous saillants qui auront été plantés durant les travaux précédents.

Toutes planches, madriers ou bastings présentant des traces de cassures devront être sciés au droit de la cassure.

Les pieds pourris des échasses et des boulins devront être sciés; on devra scier également tous ceux qui présentent des traces de cassure.

D'une manière générale toutes les parties défectueuses des bois devront être supprimées.

Les échelles et tréteaux devront être visités avec soin, tout montant présentant des traces de cassure devra, si on ne peut le consolider sérieusement, être remplacé.

Les échelons usés ou flexibles devront être remplacés.

Ne pas remplacer des échelons cassés par des traverses clouées sur les montants.

Les coins de serrage des échelons devront toujours être mis de façon à ne pas ouvrir les montants.

Ceux-ci seront débarrassés de toutes aspérités, échardes ou clous.

Les cordages devront être examinés un à un, ceux d'apparence mauvaise devront être coupés et mis au rebut.

Les appareils de montage : treuils, poulies, cordes, chaînes, devront être soigneusement visités et toutes les parties mauvaises impitoyablement rejetées.

Les treuils, vérins, crics, chaînes, moufles en service et destinés aux grands efforts, devront être vérifiés au moins une fois l'an, par des spécialistes; tous les organes devront être entretenus dans un parfait état de propreté et enduits de tout ce qui est nécessaire à leur conservation et à leur préservation.

Les câbles en acier ne pourront être utilisés que sur des molettes d'un diamètre suffisant pour éviter toute rupture des filins les composant.

ART. 4. — Les crochets de suspension seront d'un modèle s'opposant au décrochement accidentel des fardeaux.

Recommandation 4 A. — *Le préposé à l'accrochage devra fréquemment vérifier ce crochet et s'assurer de son bon fonctionnement.*

Les cordes des treuils devront être d'une seule longueur, elles devront être graissées fréquemment, et l'épissure d'attache du crochet devra être l'objet d'une surveillance constante.

Les crochets en fer ne devront jamais être forgés à froid.

Faire rentrer complètement le crochet dans l'anneau devant le recevoir, de façon à éviter l'ouverture du crochet et sa rupture.

ART. 5. — Tous les appareils de levage et de manutention mus mécaniquement seront munis d'un frein ou de tout autre dispositif équivalent capable d'arrêter le mouvement dans toutes les positions et disposé de façon à pouvoir fonctionner automatiquement, ou à être actionné par le préposé à la manœuvre, même en cas d'interruption de la puissance motrice.

Les crics seront disposés de manière à éviter les accidents causés par le retour de la manivelle.

Recommandation 5 A. — Crics. — *Dans tout chantier de pierre, les crics et les pinces devront être en nombre suffisant pour dégager un homme en cas d'accident.*

Dans la manœuvre des gros morceaux, on devra toujours employer un nombre de crics suffisant.

Les crics devront être à double noix avec rochet de sûreté.

Si la partie inférieure du cric n'est pas ferrée, elle devra toujours être en bois très dur et très sain et munie de taquets en métal pour éviter les glissements.

Art. 6. — En service normal, aucune chaîne, aucun câble métallique ou en cordage ne peut travailler à une charge supérieure au sixième de sa résistance à la rupture.

Pour les travaux exceptionnels, toutes dispositions spéciales devront être prises, pour garantir les ouvriers contre les dangers de la rupture éventuelle de la chaîne ou du câble.

Art. 7. — Des dispositions seront prises et les consignes seront données pour assurer la sécurité des ouvriers pendant le fonctionnement des appareils de levage ou de manutention.

Art. 8. — Toutes précautions seront prises pour éviter la chute des objets déplacés par les appareils de levage.

Les objets qui dépassent le bord de la benne doivent être rattachés au câble, à la chaîne ou au cordage.

Les ouvriers préposés à la manœuvre des treuils établis sur le sol pour la montée des matériaux seront protégés contre les chutes d'outils, de menus matériaux ou objets analogues, par un toit de sûreté suffisamment résistant.

Recommandation 8 A. — *Au-dessus du treuil de la sapine, il doit être établi un plancher de garantie d'une surface suffisante pour protéger les tourneurs.*

Ledit plancher a 2 m. 5o de hauteur maxima.

Le chef de chantier devra veiller avec soin à ce qu'il ne soit pas élevé de fardeau de poids supérieur à celui garanti pour le treuil ou pour la chaîne.

Les chemins de roulement devront être reliés à la sapine par des cordages choisis.

Art. 9. — Les treuils à bras doivent être munis d'un encliquetage et d'un frein, ou de tout autre dispositif permettant leur immobilisation immédiate.

Art. 10. — Sauf le cas visé à l'article 12, il est interdit d'utiliser les monte-charges ou les bennes des transporteurs pour transporter du personnel.

Recommandation 10 A. — Installation des treuils. — *Lorsque les treuils de briqueteurs sont disposés sur un échafaud, cet échafaud doit être solidement établi et muni du garde-corps et de la plinthe réglementaire.*

A chaque étage traversé par le montage, il y a lieu d'entourer l'ouverture du passage de matériaux par un garde-corps et par une plinthe.

Les matériaux élevés au treuil tels que : meulières, moellons, poteries, carreaux de plâtre et plâtras, doivent être élevés, non par une élingue, mais par un panier en fer feuillard à claire-voie ou en osier.

Recommandation 10 B. — Elévation mécanique des matériaux. — *Les moteurs doivent être isolés dans un coffrage en bois.*

Leur mise en marche, leur arrêt et leur entretien ne doivent être confiés qu'à des ouvriers expérimentés.

Il est rigoureusement interdit à toute personne autre que le mécanicien de toucher au moteur, aux appareils de mise en marche et autres accessoires.

Les courroies devront toujours être placées à une hauteur suffisante pour que les ouvriers puissent circuler librement au-dessous des planches protectrices sans être obligés de se baisser.

Dans le cas où il serait impossible de placer les courroies à une hauteur suffisante, il faut les encoffrer ou les rendre inaccessibles par des garde-fous.

Les arbres de transmission, au-dessous de 2 mètres, même s'ils sont lisses, devront être garantis pour éviter l'enroulement des vêtements.

Les courroies doivent être isolées sur tout leur parcours au moyen de planches placées immédiatement au-dessous et soutenues par des supports, de façon qu'en cas de débrayage ou de rupture, les ouvriers ne puissent être atteints.

Recommandation 10 C. — Monte-charges. — Sapines. — *Les montants de la sapine devront être placés bien d'aplomb, les scellements dans le sol devront avoir la profondeur suffisante. On veillera avec soin que les pieds ne soient pas pourris et reposent sur un sol solide.*

La sapine doit être convenablement étrésillonnée, il sera notamment établi une croix de Saint-André sur les faces. Ladite croix placée dans le milieu de la hauteur de la sapine.

Les sapines devront toujours être prévues suffisamment larges pour que, durant le cours du travail, on ne soit jamais obligé d'en démonter les entretoises, étrésillons, croix de Saint-André.

Dans le cas d'enture de la sapine, cette enture devra toujours être faite de façon à ce que les sections hautes et basses aient toujours une surface d'au moins deux centimètres et demi carrés.

La jonction devra toujours être obtenue au moyen de pièces de bois suffisamment longues placées sur les quatre faces.

La tête des sapines sera toujours fixée au moyen de bois moisés solidement boulonnés.

Les deux traverses formant chapeau et destinées à recevoir la poulie seront toujours en chêne parfaitement sain et d'un équarrissage régulier, de façon à ce que l'axe de la poulie soit toujours dans une position parfaitement horizontale; cet axe devra rouler sur des coussinets de métal parfaitement fixés, l'écartement devra être aussi faible que possible afin de réduire au minimum l'effort de cisaillement.

A chaque interruption de travail, la chaîne devra être solidement fixée au pied de la sapine.

Dans le cas de grand vent, la chaîne sera fixée à un morceau très lourd placé bien à son centre.

Il ne devra jamais être laissé de morceau suspendu dans les sapines pendant les heures de repos.

Les bardeurs ou autres ouvriers ne devront jamais travailler dans la sapine pendant le montage ou la descente, le bardage, le débrayage ou le roulage en haut.

Il est interdit de passer sous une charge soulevée par un appareil de levage quelconque.

L'extrémité de la chaîne devra toujours être suffisamment chargée pour que le poids de la partie engagée dans le treuil n'entraîne pas la partie en volée et assez élargie pour qu'en cas d'entraînement elle ne puisse passer entre les moises du chapeau.

Quand, pendant la manœuvre du treuil, les chaînons produiront des secousses venant d'un mauvais embrayage dans les noix ou de toutes autres causes, le montage devra être immédiatement suspendu et l'appareil visité et mis au point par un spécialiste.

Les freins ne devront jamais être maniés par secousses, le freinage devant toujours se faire régulièrement.

Les morceaux de pierre à monter, de faible épaisseur, devront toujours être brayés sur des routins, afin d'éviter toute cause de rupture pendant le montage.

Pour conserver aux brayers leur souplesse et leur solidité, ils devront être mis au sec pendant les interruptions de travail, et cela en plus de toutes autres précautions nécessaires pour les conserver en parfait état.

Il ne devra être mis au treuil que des hommes expérimentés et connaissant parfaitement les manœuvres d'embrayage, de débrayage, freinage, etc...

Les treuils et autres appareils de montage ou de levage devront être munis d'une plaque indiquant leur maximum de force.

Recommandation 10 D. — Matériel d'un entrepreneur employé par les ouvriers d'un autre corps d'état. — *Il est expressément interdit aux ouvriers de se servir pour leurs travaux du matériel d'un autre corps d'état.*

TITRE III

Travaux souterrains

ART. 11. — Les orifices au jour des puits et des galeries d'une inclinaison dangereuse doivent être, outre la clôture prévue à l'article 66-A du Livre II du Code du Travail, entourés d'une plinthe ayant au moins 15 centimètres de hauteur, destinée à empêcher la chute des matériaux.

ART. 12. — Tous les puits en construction, ainsi que les puits de service doivent être pourvus d'un treuil de puisatier muni d'un frein à main, d'un câble ou d'un étrier ou d'une benne convenablement installés, pour le montage et la descente des ouvriers; pour la manœuvre du treuil, un homme doit être constamment présent, tant qu'il y a des hommes au fond; quand la profondeur des puits dépassera 15 mètres, deux hommes seront nécessaires pour le service du treuil.

Recommandation 12 A. — *Les cordages devront être soigneusement suiffés, de façon à empêcher qu'ils ne s'échauffent par l'humidité.*

Les crochets de bennes doivent être d'un modèle ne permettant pas le décrochage accidentel.

ART. 13. — Dans le cas de visite ou de réparation d'anciens puits, on devra s'assurer préalablement que l'atmosphère y est respirable. Les ouvriers ne pourront être autorisés à descendre qu'après que des mesures auront été prises pour amener et maintenir l'atmosphère dans l'état de pureté nécessaire à la santé et à la sécurité des ouvriers.

La descente des ouvriers devra se faire au moyen d'une sellette avec ceinture de sûreté.

Recommandation 13 A. — *Le moyen le plus simple de s'assurer que* *l'air est respirable dans un puits est d'y descendre une bougie allumée; si l'air y est vicié, elle s'éteint.*

Dans ce cas, il faut ventiler le puits; à défaut d'un ventilateur, on descendra dans le puits un seau contenant de la chaux vive que l'on aura préalablement arrosée d'eau froide.

Au cas où le puisatier du fond subirait un commencement d'asphyxie, les hommes se portant à son secours devront être solidement attachés aux cordages du treuil.

En cas d'éboulement, le chef de chantier donnera des ordres formels pour éviter toute trépidation du sol aux environs du puits.

Il ne devra laisser descendre dans le puits, pour procéder au sauvetage, que des hommes sûrs et d'absolu sang-froid.

Le déblaiement des terres devra se faire autant que possible avec des outils ne nécessitant pas de percussion.

Le chef de chantier devra donner des ordres pour que les soins médicaux indiqués ci-après puissent être donnés aux ouvriers sinistrés aussitôt que possible, même au fond du puits.

ART. 14. — L'atmosphère des chantiers souterrains ou des puits doit être maintenue en l'état de pureté nécessaire à la santé des ouvriers.

ART. 15. — Dans les chantiers souterrains où les ouvriers sont exposés à être incommodés par l'eau, des vêtements et des chaussures imperméables, en bon état, seront mis à la disposition de chacun d'eux. Ces vêtements et chaussures seront mis à la disposition des ouvriers dans l'abri visé à l'article 57, lorsque le chantier comportera ledit abri.

ART. 16. — Dans les puits où il est possible d'installer une descenderie par échelles, les échelles peuvent être verticales; mais les palier de repos seront établis à six mètres au plus les uns des autres.

A chaque palier, des poignées fixes seront placées de façon à en permettre facilement l'accès.

ART. 17. — Les parois de puits, les parois et le toit des galeries souterraines doivent être boisés ou consolidés de façon à prévenir les éboulements, à moins qu'ils ne soient établis à travers des terrains compacts.

Lorsqu'un puits ou une galerie doivent être maçonnés ou bétonnés, le boisage ou le blindage ne sont enlevés qu'au fur et à mesure de l'avancement des travaux et seulement dans la mesure où, étant donnée la nature du terrain traversé, cet enlèvement ne peut nuire à la sécurité du personnel.

Les mêmes précautions seront prises pour l'exécution des travaux d'abatage latéral.

Recommandation 17 A. — *Le chargement des bennes devra être fait de façon à ce que rien ne puisse en tomber pendant la montée.*

Avant chaque descente de benne, l'ouvrier du haut doit prévenir l'ouvrier du bas.

L'ouvrier du fond devra toujours se tenir du côté du puits opposé à la verticale de descente ou de montée de la benne.

Recommandation 17 B. — *Le blindage doit être fait de façon à ce que la benne ne puisse heurter aucune de ses parties, soit à la montée, soit à la descente.*

Après chaque interruption de travail, le puisatier devra, en descendant, vérifier les blindages et les parois des puits; à la moindre anomalie, il devra se faire remonter et prévenir le chef de chantier.

Une élingue devra toujours être à la portée du puisatier de fond pour faciliter sa montée en cas de coup d'eau ou de dégagement de gaz.

Recommandation 17 C. — *L'orifice des puits devra toujours être protégé de façon à ce que le trou nécessaire au passage de la benne soit aussi réduit que possible.*

Autant que possible, la plate-forme du tourneur sera de o m. 5o au moins au-dessus du sol de circulation.

Le puisatier tourneur ne devra jamais abandonner son treuil pendant le travail pour quelque cause que ce soit.

A chaque interruption du travail, l'orifice du puits devra être couvert de planches épaisses ou de madriers.

Recommandation 17 D. — *Les fouilles de puits de section quadrangulaire doivent toujours être boisées. On laisse à l'appréciation de l'entrepreneur la question de savoir jusqu'à quel point un puits de section circulaire doit être creusé sans blindage; d'une façon générale, à Paris et dans les villes où le sol a été maintes fois fouillé, il est nécessaire de toujours blinder.*

La hauteur des planches de blindage ne doit jamais dépasser deux mètres.

Art. 18. — Dans les galeries souterraines où se trouvent disposées des voies ferrées, à défaut d'un espace libre de 55 centimètres mesuré entre la partie la plus saillante du matériel roulant et les parties les plus saillantes des parois de la galerie, il sera aménagé, tous les dix mètres au plus, une niche de sûreté ayant des dimensions suffisantes pour abriter simultanément deux personnes et ayant au moins 60 centimètres de profondeur.

En cas d'impossibilité, il pourra être dérogé à cette prescription à la condition que la sécurité du personnel soit assurée d'une autre manière par des dispositions que l'entrepreneur devra porter préalablement à la connaissance de l'inspecteur du travail.

Art. 19. — Lorsque les chantiers souterrains seront éclairés électriquement, un éclairage de sécurité sera établi pour fonctionner, en cas d'arrêt du courant, pendant le temps nécessaire pour assurer l'évacuation du chantier.

TITRE IV

Travaux de terrassement

Art. 20. — Les fouilles en excavation ou en tranchée doivent présenter un talus suffisamment incliné, eu égard à la nature des terres, pour éviter les éboulements. Si cette condition n'est pas remplie, elles doivent être convenablement boisées.

Si les terres provenant des déblais, des excavations ou des tranchées sans talus ne peuvent être rejetées assez loin, des mesures seront prises pour prévenir tout éboulement.

Recommandation 20 A. — *L'Entrepreneur de terrassement devra, avant de faire commencer ou poursuivre par ses ouvriers les travaux de fouilles, se rendre compte de la nature du sol, et exiger le boisement des tranchées au fur et à mesure de leur avancement.*

ART. 21. — Les travaux de terrassement à exécuter sous ou dans le voisinage de constructions existantes, de voies carrossables ou de voies ferrées, ne peuvent être exécutés qu'après que les étaiements nécessaires ont été posés.

ART. 22. — La reprise des fondations en sous-œuvre ne doit être exécutée que par petites portions et au fur et à mesure que les étaiements mis en place assurent une sécurité suffisante.

Recommandation 22 A. — *Le chef de chantier interdira, dans les déblais, les excavations ou mines dangereuses. Il surveillera avec soin les crêtes supérieures, surtout en temps humide ou de dégel, et au moindre indice d'éboulement, à la moindre fissure, il devra faire tomber la masse ébranlée avec précaution, après avoir fait retirer les ouvriers exposés.*

Les fouilles en excavation ou en rigoles doivent présenter un talus suffisamment incliné ou être bien étrésillonnées.

Dans le cas où la dénivellation du sol pourrait occasionner dans certains endroits des accidents, ces endroits devront être, autant que possible, couverts ou entourés par des garde-corps.

Il y a toujours lieu de prévoir la chute possible des terres; il est recommandé de limiter à environ 2 mètres la hauteur d'étage dans les fouilles non blindées en excavation.

TITRE V

Travaux de démolition

ART. 23. — Les murs à abattre doivent être préalablement débarrassés de toutes les pièces de bois ou de fer en saillie si ces pièces ne sont pas scellées ou si, quoique scellées, elles sont en saillie de plus de deux mètres sur le mur à abattre.

ART. 24. — Les ouvriers ne peuvent travailler à des hauteurs différentes que si des précautions sont prises pour assurer la sécurité de ceux qui sont occupés dans les plans inférieurs.

ART. 25. — Dans le cas où des ouvriers travaillent au marteau à la démolition de murs élevés ne comportant pas de gîtage, ils doivent être attachés à un point fixe par le moyen d'une ceinture et de cordages de sûreté, de manière à prévenir leur chute : un échafaudage doit être installé à 1 m. 70 au plus de la crête du mur du côté opposé aux planchers.

ART. 26. — Les constructions voisines dont l'équilibre pourrait être compromis devront être préalablement consolidées.

ART. 27. — Lorsque dix ouvriers au moins sont occupés sur un chantier de démolition, l'emploi de chefs d'équipe affectés exclusivement à la surveillance du travail est obligatoire à raison d'un chef d'équipe par dix ouvriers.

Recommandation 27 A. — Démolition d'immeubles entiers. — *Il y a lieu de se conformer strictement aux prescriptions des articles 67 à 73 de l'ordonnance de police du 25 juillet 1862 (1).*

Nul travail de démolition ne doit être commencé sans que l'immeuble à démolir soit complètement enveloppé de barrières et éventails suffisants pour empêcher les passants d'approcher de la démolition et d'être atteints par les matériaux.

Avant de commencer la démolition, toutes les parties de la construction devront être visitées avec soin par les chefs d'équipe, et cela afin de pouvoir se rendre compte de la résistance de chacune des parties.

Recommandation 27 B. — *Pour le chargement des matériaux lourds, il devra toujours être mis un nombre suffisant d'hommes du métier.*

Pour le chargement des matériaux légers ou le piochage des gravois, les hommes devront être espacés pour ne pas se blesser avec leurs outils.

S'il restait des matériaux la nuit en dehors des barrières, ils devront être rangés, barricadés et parfaitement éclairés.

Il ne devra être laissé sur la voie publique ni excavations, ni trous.

Recommandation 27 C. — *Le gardiennage de la rue doit être assuré dans tous les cas de travaux sur la voie publique.*

Le chef d'équipe veillera à ce que le gardien s'occupe constamment d'avertir les passants.

Recommandation 27 D. — *Tous les bois garnis de clous seront sérieusement rangés ou décloutés.*

Recommandation 27 E. — Démolitions partielles d'immeubles. — *Mêmes prescriptions que ci-dessus, sauf que dans les immeubles habités il ne devra pas être fait de démolition par abatage.*

Recommandation 27 F. — Barrières. — *Les barrières devront être faites avec des bois suffisamment corroyés pour éviter les échardes; elles devront être soigneusement débarrassées de tous les clous en saillie.*

Tous les panneaux des barrières doivent être très solidement fixés, autant que possible au moyen d'étriers, de préférence aux cordages.

Les lanternes destinées à éclairer les matériaux ou les barrières doivent être soigneusement fixées et non pas seulement posées sur la partie à éclairer.

Tous les panneaux enlevés des barrières doivent être rangés à l'intérieur des chantiers et solidement attachés par des cordages.

(1) Voir en annexe pages 40 et 41.

TITRE VI

Travaux de constructions. Echafaudages

Art. 28. — Les échafaudages fixes doivent être construits, entretoisés et contreventés de manière à supporter les charges et à résister à la poussée du vent.

Recommandation 28 A. — Echafaudages extérieurs. — *D'une manière générale, l'édification des échafauds doit être confiée à des ouvriers compétents, habitués à ce genre de travail et, auxquels il sera recommandé d'examiner toutes les parties du matériel au fur et à mesure de leur emploi.*

Ils devront rebuter tout matériel défectueux.

Toutes les pièces des échafauds devront être reliées entre elles d'une façon parfaite et leur force devra être proportionnée aux réactions qu'elles auront à supporter.

Les échafauds seront dans tous les cas construits conformément aux lois et règlements en vigueur; de plus l'entrepreneur devra toujours faire un examen de chaque cas en particulier et prendre toutes les dispositions qui lui seront dictées par l'expérience et par la nature spéciale du travail à exécuter.

Dans le cas où un échafaudage extérieur durera plus de six mois, il devra être fait un examen sérieux de toutes ses parties et tout particulièrement des cordages.

Art. 29. — Les montants d'échafaudage ou échasses doivent être encastrés dans le sol ou fixés de manière à empêcher tout déplacement du pied.

En cas d'enture des montants, la consolidation est faite de telle façon que la résistance de la partie entée des montants soit au moins égale à celle de la partie qui lui est immédiatement inférieure.

Les parties horizontales doivent être fixées aux parties verticales par deux cordages au moins.

Les boulins doivent être soigneusement fixés à leurs extrémités; leur écartement ne doit pas dépasser 1 m. 33; sauf exception due à l'existence, dans la construction, de baies, fenêtres, portes ou autres ouvertures. Mais, dans ce cas, l'épaisseur du plancher sera augmentée en proportion de l'écartement admis.

Art. 30. — Lorsque les échafaudages ne comportent qu'un seul rang d'échasses, les boulins doivent être fixés d'un bout dans le mur. Les scellements, faits solidement, auront au moins 16 centimètres de profondeur.

Recommandation 30 A. — *Dans tous les cas, les boulins devront toujours être fixés à chacune de leurs extrémités et, en plus des scellements ou du double rang d'échasses, des points d'attaches aussi nombreux que possible devront être choisis ou ménagés sur les parties résistantes des murs échafaudés.*

Les points d'attache pour les planches d'échafaudage devront être en nombre suffisant pour que la rupture de l'un de ces points d'attaches ne provoque pas la chute immédiate de l'ensemble. En cas d'impossibilité, les matériaux d'attaches seront doublés.

Les cordages servant aux entures devront être fixés et coincés de façon à éviter les effets de la sécheresse; durant les temps chauds ou très secs, ils devront être visités par le chef de chantier au moins une fois par jour.

Les planches devront être placées ou fixées de façon à ce que le vent ne puisse les emporter.

Planchers et garde-corps

ART. 31. — Les planchers des échafaudages doivent être formés de planches, bastings ou madriers placés les uns contre les autres sans intervalles et reposant sur trois boulins au moins de manière à ne pouvoir basculer.

ART. 32. — Les garde-corps prescrits par l'article 66 A du Livre II du Code du Travail (1) doivent être constitués par une traverse de 40 centimètres carrés de section au moins solidement fixée à l'intérieur des montants.

Une plinthe de 15 centimètres de hauteur au moins bordera, en outre, les côtés extérieurs de l'échafaudage.

Reommandation 32 A. — *Les planchers seront laissés en nombre suffisant et disposés de façon à ce que les matériaux ou les outils ne puissent en tombant atteindre soit des tiers, soit des ouvriers du chantier.*

Recommandation 32 B. — *Il ne doit jamais être établi d'échafaudages au moyen de planches posées sur des tonneaux, sur des sacs ou des poteries.*

Recommandation 32 C. — *Autant que possible, le chef de chantier devra éviter que les ouvriers travaillent sur des échafauds superposés.*

S'il ne peut faire autrement, des précautions particulières devront être prises pour protéger les ouvriers placés au-dessous des autres.

Recommandation 32 D. — Planchers de sûreté. — *Les planchers de sûreté prescrits par le règlement devront être établis à environ quatre mètres du sol de la rue; pour les échafaudages montant à plus de six mètres de hauteur, ils devront être munis de garde-corps et de plinthes.*

Ils devront être conservés pendant toute la durée des travaux.

Sur les voies publiques le plancher de sûreté devra être surmonté d'un auvent constitué en planches jointives ou bâches solidement fixées.

Les boulins de l'auvent et des planchers de sûreté ne devront dépasser les échasses que de la largeur nécessaire pour les fixer.

ART. 33. — Lorsque les échafaudages fixes seront établis sur les toitures, leurs montants devront reposer sur des parties solides de la construction.

ART. 34. — Lorsque les échafaudages fixes sont établis en porte-à-faux, ils doivent être supportés par des pièces de fort équarrissage

(1) Voir annexe page 32.

si elles sont en bois, et de gros échantillon si elles sont en fer. Les extrémités intérieures de ces pièces seront solidement maintenues. Seules les parties résistantes de la contruction peuvent être utilisées comme point d'appui des pièces d'échafaudage.

Recommandation 34 A. — *Les échafaudages en bascule ne doivent être faits que par des ouvriers habiles et avec un matériel spécial et éprouvé.*

Les pièces posées en bascule pour recevoir l'échafaudage recevront un plancher de madriers qui reposera sur trois traverses au moins.

Echafaudages légers

ART. 35. — Les échafaudages légers construits sans montant le long des murs ne peuvent être supportés par des barres scellées dans le mur que si celui-ci a au moins 35 centimètres d'épaisseur, le scellement étant de 16 centimètres au moins. Les barres de fer employées dans la construction de ces échafaudages doivent être de fort échantillon et ne peuvent être remplacées que par des traverses en bois résistant. L'extrémité libre de chaque barre, munie d'un œil, ou de la traverse en bois, doit être reliée par un cordage à une pièce résistante de la construction, ou soutenue par une jambe de force.

ART. 36. — Les planchers des échafaudages légers doivent être jointifs. S'ils sont montés sur chevalets, ceux-ci ne peuvent être espacés de plus de 2 mètres et doivent être solidement fixées à des pièces résistantes de la construction.

ART. 37. — Les échelles verticales employées à la confection d'échafaudages légers doivent être fixées solidement à diverses hauteurs et être soigneusement étrésillonnées.

ART. 38. — Les échafaudages légers doivent, comme les échafaudages fixes, être munis de garde-corps rigides et de plinthes.

Le garde-corps des échafaudages sur lesquels les ouvriers travaillent assis, doit être constitué par deux lisses rigides l'une à 90 centimètres, l'autre à 45 centimètres au-dessus du plancher.

Echafaudages mobiles

ART. 39. — Les plateaux, les échafaudages mobiles ou volants doivent avoir un plancher jointif, bordé de tous côtés par une plinthe de 15 centimètres de haut.

Ils doivent être munis de garde-corps, composés d'une traverse rigide placée à 70 centimètres de hauteur au moins sur le côté du mur et à 90 centimètres de hauteur sur les trois autres faces. Ces garde-corps doivent être portés par des montants espacés de 1 m. 50 au plus, solidement fixés au plancher.

L'ensemble constitué par le plancher et les garde-corps doit être rendu rigide avant la suspension.

ART. 40. — Les plateaux, les échafaudages volants doivent être suspendus par trois cordages au moins, espacés de trois mètres au plus, s'adaptant à des étriers en fer qui entourent et supportent la cage rigide de l'échafaudage. Ces cordages doivent être manœuvrés par des moufles ou organes similaires, et suspendus ou reliés à des parties solides de la construction.

Recommandation 40 A. — *Il est recommandé de ne faire exécuter les travaux à l'échafaudage volant que par des ouvriers spécialisés connaissant bien la manœuvre de ces échafaudages.*

Les travaux de plâtre et de ravalement de pierre ne pourront être faits à l'échafaudage volant que s'ils sont peu importants comme les raccords ou naissances, à l'exclusion des travaux de réfection complète nécessitant un matériel lourd et encombrant.

Pour les travaux qui exigent une pression importante sur le mur pouvant provoquer l'écartement, les échafaudages volants devront être fixés à ce mur à l'aide de cordages.

La partie en bascule des échafaudages volants (partie située en dehors des moufles d'extrémité) ne devra pas excéder 0,60.

La suspension des moufles aux parties solides de la construction telles que : murs pignons ou de refend, souches de cheminée de plus de deux conduits, arbalétriers ou pannes des combles devra être faite à l'aide de cordages de forte section.

En aucun cas les chevrons, balcons, barres d'appui, ne pourront servir comme point d'attache de ces cordages.

Lorsque les moufles seront suspendus à des chèvres triangulaires inclinées pour les écarter du mur échafaudé, ces chèvres devront être soigneusement calées pour éviter le glissement.

Recommandation 40 B. — *(Extrait de l'ordonnance de police du 12 mai 1881, article 13).*

L'échafaudage roulant sur les barres d'appui des balcons sera en fer et ne pourra contenir qu'un seul ouvrier.

Il sera muni, sur le côté opposé au balcon, d'un garde-corps, à une hauteur de 0 m. 50 et le siège en sera solidement fixé à l'armature.

ART. 41. — Les travaux sur corde à nœuds, échelle suspendue ou sur plate-forme attachée à un cordage sont interdits, sauf le cas où le peu d'importance des travaux ne comporte pas l'établissement d'échafaudages volants. Dans les cas où il est indispensable de recourir à ces modes de travail, les échelles suspendues ou les cordages seront fixés à une partie solide de l'édifice.

ART. 42. — Les plates-formes servant à l'exécution des travaux à l'intérieur des constructions doivent prendre appui non sur les hourdis de remplissage, mais sur des traverses reposant sur des solives.

ART. 43. — Lorsque des plates-formes reposent sur des tréteaux, ces tréteaux doivent être solides. Il est interdit de superposer des tréteaux de support les uns au-dessus des autres.

Lorsque les plates-formes sont établies à plus de deux mètres du sol, elles doivent, comme les échafaudages fixes, être munies de garde-corps rigides et de plinthes.

Recommandation 43 A. — Hourdis de planchers. — *Les planchers non hourdés doivent être garnis de planches ou de madriers, à moins qu'ils ne soient rendus complètement inaccessibles aux ouvriers occupés dans la construction.*

Il est interdit aux ouvriers de marcher sur les hourdis.

Il devra être établi des chemins de passage d'une largeur minimum de trois planches.

Echelles, passerelles, ponts de service, escaliers

ART. 44. — Les échelles doivent être disposées et fixées de façon à ne pouvoir ni glisser du bas, ni basculer.

Elles doivent dépasser l'endroit où elles s'appuient d'un mètre au moins, ou être prolongées par un montant de même hauteur, formant main-courante à l'arrivée.

Les échelons doivent être rigides et emboîtés solidement dans les montants.

Une seule échelle ne pourra, à moins d'être consolidée en son milieu, franchir plus de cinq mètres.

Les échelles reliant les étages doivent être chevauchées et un palier de protection doit être établi à chaque étage.

Les échelles ne peuvent être utilisées pour le transport de fardeaux dépassant 50 kilogrammes.

ART. 45. — Les échelles doubles doivent, pendant leur emploi, avoir leurs montants reliés ou immobilisés afin d'éviter tout écartement accidentel.

Recommandation 45 A. — Montage d'échelles. — *La section pour le passage d'homme à l'arrivée de l'échelle devra être réduite au minimum utile.*

Les services d'échelles devront être munis, partout où cela sera possible, de garde-corps ou de plinthes.

Il est absolument interdit aux ouvriers appartenant à d'autres corps d'état de faire usage des échelles de couvreurs ou de peintres.

Il est recommandé aux ouvriers maçons et tailleurs de pierre de n'effectuer à l'échelle que des travaux de minime importance.

Les échelons devenus flexibles en cours des travaux devront être remplacés.

Recommandation 45 B. — Ponts de service. — *Les ponts de service doivent être établis avec la plus grande solidité, avec les contreventements et les points d'appui nécessaires.*

Recommandation 45 C. — Prises d'eau. — *Lorsque les tonneaux pour le service de l'eau seront établis sur les échafauds à l'extérieur des bâtiments, les planchers de repos des tonneaux et les chemins d'accès devront avoir une largeur suffisante et être munis de garde-corps et de plinthes.*

On devra nettoyer fréquemment les chemins en pente donnant accès à ces tonneaux.

La rigidité de ces chemins devra être assurée.

ART. 46. — Les paliers extérieurs ainsi que les diverses passerelles, plans inclinés ou ponts de service, doivent être installés solidement et munis de garde-corps avec plinthes, dans les conditions indiquées pour les plates-formes.

Leur largeur doit être de 60 centimètres au moins.

ART. 47. — Les échafaudages, paliers, passerelles, escaliers, doivent être constamment débarrassés de tous gravats et décombres.

ART. 48. — Lorsque, après suppression du passage des échelles, les ouvriers passent par les escaliers, ceux-ci doivent être munis de rampes provisoires rigides.

Les ouvertures ménagées en vue du passage des ascenseurs doivent être clôturées.

Travaux sur les toitures et charpentes

ART. 49. — Dans les travaux exécutés sur les toits et autres travaux exposant les ouvriers à des chutes graves, il sera installé, à défaut d'échafaudages, des garde-corps, crochets, plinthes ou autres dispositifs protecteurs s'opposant efficacement à la chute de l'ouvrier sur le sol s'il vient à glisser.

Lorsqu'il y aura impossibilité d'utiliser ces dispositifs protecteurs et pour l'exécution des travaux de charpente, des ceintures de sûreté, avec cordages permettant de s'attacher à un pont fixe, seront mises à la disposition des ouvriers.

Les ouvriers occupés sur les toits vitrés doivent travailler sur des échafaudages, plates-formes ou échelles les empêchant de prendre appui directement sur le vitrage.

Dans les travaux de vitrage importants, il y a lieu soit de munir les ouvriers de ceintures et cordages de sûreté, soit d'installer à faible distance au-dessous du vitrage une plate-forme destinée à retenir les ouvriers en cas de chute.

Les débris de verre doivent être immédiatement enlevés.

TITRE VII

Prescriptions diverses

ART. 50. — Les ouvertures existant dans les étages ou les échafaudages doivent, outre la clôture prévue par l'article 66 *a* du Livre II du Code du Travail (1), être bordées d'une plinthe de 15 centimètres au moins de hauteur.

ART. 51. — Les charpentes sur lesquelles des ouvriers travaillent doivent recevoir un plancher suffisamment large pour permettre aux ouvriers d'accomplir leur besogne en toute sécurité. En particulier, la largeur de ce plancher, établi sur solives, à l'écartement ordinaire de 70 centimètres pour le travail des maçons briqueteurs, doit être de 3 mètres au moins. Lorsque l'écartement des solives dépasse 70 centimètres, le plancher installé sera considéré comme échafaudage.

ART. 52. — En cas de verglas, de gelée ou de neige, des scories, cendres, sables ou autres matières pulvérulentes doivent être répandus en quantité suffisante sur les échafaudages et passerelles, de manière à prévenir toute glissade.

ART. 53. — Par grands vents, le travail ne peut continuer que si toutes les précautions sont prises pour consolider les installations provisoires, pour attacher ou descendre les matériaux susceptibles de tomber.

ART. 54. — Les ouvriers occupés à des travaux sur pierres dures susceptibles de produire des éclats doivent avoir à leur disposition des lunettes de sûreté.

Recommandation 54 A. — Chantiers de pierre. — *Tous les hommes qui taillent les pierres froides, caillasses ou granit, doivent se munir de lunettes de sûreté du modèle le plus perfectionné; ils ne doivent pas remonter les lunettes sur leur front.*
Les chantiers de pierre doivent être débarrassés le plus possible de moellons et déchets, afin de ne pas gêner les mouvements des ouvriers qui remuent de gros morceaux.
Il faut caler les gros blocs avec des éclats de pierre dure et non de pierre tendre.

ART. 55. — Des mesures doivent être prises pour que les décintrements, enlèvement d'étançons et toutes opérations analogues ne puissent se faire que sur l'ordre précis du chef de chantier et sous son contrôle personnel.

ART. 56. — Dans les cas où les travaux sont effectués au-dessus

---

(1) Voir annexe page 32.

des cours d'eau, étang, canaux, ainsi que dans les travaux maritimes, des mesures doivent être prises afin que les ouvriers tombés à l'eau puissent être rapidement secourus. Les passerelles donnant accès aux travaux doivent être munies sur les deux côtés de garde-corps rigides de 90 centimètres de haut, et de plinthes de 15 centimètres de hauteur.

Art. 57. — Dans les chantiers fixes occupant plus de 20 ouvriers pendant plus de quinze jours, les employeurs doivent mettre un abri clos à la disposition du personnel. Cet abri doit être éclairé, chauffé en hiver, et tenu en état constant de propreté. Pour les chantiers souterrains, il sera établi au jour.

Dispense de tout ou partie de ces prescriptions pourra être accordée par l'inspecteur du travail lorsque leur observation sera reconnue impossible.

Art. 58. — Dans les chantiers occupant plus de 10 ouvriers, des mesures doivent être prises pour que les ouvriers victimes d'accidents puissent recevoir rapidement les premiers soins.

Art. 59. — Lorsque les ouvriers sont appelés, au cours de l'exécution de travaux, à être occupés à moins de 3 mètres de conducteurs ou de supports de lignes de distribution ou de transport d'énergie électrique, l'entrepreneur doit, avant de commencer les travaux, et après s'être concerté avec l'exploitant de la ligne électrique, prendre les mesures nécessaires pour sauvegarder la sécurité des travaux.

TITRE VIII

Affichage. Délais d'exécution

Art. 60. — Un extrait du présent décret, extrait dont le texte sera fixé par arrêté ministériel, sera affiché dans les chantiers fixes, occupant plus de 50 ouvriers ainsi qu'au lieu où se fait la paye du personnel.

Art. 61. — Le délai minimum prévu à l'article 69 du Livre II du Code du Travail et de la Prévoyance sociale (1) pour l'exécution des mises en demeure est fixé :

A quinze jours pour les mises en demeure fondées sur les dispositions de l'article 57 du présent décret;

A quatre jours pour les mises en demeure fondées sur les autres dispositions.

---

(1) Voir annexe page 33.

PRESCRIPTIONS GÉNÉRALES POUR LES OUVRIERS

1. — Les ouvriers, dans leur intérêt, doivent prendre les mesures de précaution qui leur sont prescrites pour éviter les accidents.

Il leur est en outre expressément recommandé de prendre d'eux-mêmes, l'initiative des mesures de sécurité que la prudence et leur expérience professionnelle doivent leur suggérer.

2. — Les ouvriers atteints d'épilepsie, crampes, évanouissements fréquents, vertiges, surdité, myopie, hernies ou autres infirmités ou faiblesses corporelles doivent, avant d'accepter de faire un travail, prévenir leurs chefs.

3. — Les ouvriers en état d'ivresse ne doivent pas rester sur le chantier ni même y pénétrer.

4. — Tout ouvrier est tenu, s'il ne peut y remédier de lui-même, de prévenir ses chefs du manque ou de l'insuffisance des outils ou des appareils nécessaires au travail qu'il doit effectuer.

5. — Les outils et les appareils de protection ne doivent être employés que pour le but seul auquel ils sont destinés.

6. — Il est défendu aux ouvriers, autres que ceux préposés à cet effet, de toucher aux machines, locomobiles, dynamos et autres engins, ainsi qu'aux conduites d'eau et d'air, aux câbles ou fils conducteurs de courants électriques.

7. — Il est interdit de pénétrer dans les endroits obscurs.

Il est rigoureusement interdit aux ouvriers de pousser à la roue pour permettre à un attelage de se dégager.

Il est interdit aux ouvriers de sauter d'un échafaud sur un autre.

8. — L'emploi des sabots est rigoureusement interdit aux ouvriers travaillant à la confection des échafaudages, sur les toits ou dans tous autres endroits dangereux.

L'emploi des espadrilles est rigoureusement interdit; les ouvriers devront être munis de chaussures ayant une semelle en cuir assez résistante pour s'opposer à la pénétration des clous.

Il est recommandé de marcher toujours avec circonspection, en prenant garde aux fouilles, rigoles d'épuisement, puisards, trous, déblais, matériaux ou autres obstacles qui peuvent se trouver sur le chemin parcouru.

9. — Avant de jeter les déblais ou les matériaux, l'ouvrier doit s'assurer que personne ne peut être atteint.

10. — Chaque ouvrier est tenu de travailler avec prudence et circonspection de façon à éviter de se blesser lui-même ou de blesser ses camarades par des actes imprudents ou téméraires.

11. — Les ouvriers travaillant la pierre doivent se munir de lunettes pour protéger leur vue contre les projections d'éclats.

12. — Les ouviers chargés de la conduite des machines, engins, installations munis d'appareils de protection, doivent prendre l'initiative de maintenir ces derniers en parfait état de fonctionnement et les utiliser d'une façon continue.

Les chauffeurs ne doivent jamais dépasser le maximum de pression prévu, ni laisser descendre l'eau au-dessus du niveau réglementaire.

13. — Les ouvriers travaillant près des machines doivent porter des vêtements ajustés et non flottants.

14. — *Dans les puits.* — Le chargement des bennes devra être fait de façon à ce que rien ne puisse en tomber pendant la montée.

Avant chaque descente de benne, l'ouvrier du haut doit prévenir l'ouvrier du fond.

Le piocheur devra toujours se tenir du côté du puits à la verticale de descente ou de montée de la benne.

15. — Le blindage doit être fait de façon à ce que la benne ne puisse heurter aucune de ses parties, soit à la montée, soit à la descente.

Après chaque interruption de travail, le puisatier devra, en descendant, vérifier les blindages et les parois des puits; à la moindre anomalie, il devra se faire remonter et prévenir le chef de chantier.

Une élingue devra toujours être à la portée du puisatier de fond pour faciliter sa montée en cas de coup d'eau ou de dégagement de gaz.

16. — L'orifice des puits devra toujours être échafaudé de façon à ce que le trou nécessaire au passage de la benne soit aussi réduit que possible.

Autant que possible, la plate-forme du tourneur sera de 0 m. 50 au moins au-dessus du sol de circulation.

Le puisatier tourneur ne devra jamais abandonner son treuil pendant le travail pour quelque cause que ce soit.

A chaque interruption de travail, l'orifice du puits devra être couvert de planches ou de madriers.

17. — Avant de descendre dans un puits quelconque, sans avoir égard à sa profondeur, il faut s'assurer que l'air y est respirable. Le moyen le plus simple est d'y descendre une bougie allumée; si l'air est vicié, elle s'éteint.

Dans ce cas, il faut ventiler le puits à l'aide de **pompes, et si ces** moyens font défaut, on descendra dans le puits un seau contenant de la chaux vive que l'on aura préalablement arrosée d'eau froide.

Au cas où le puisatier du fond subirait un commencement d'asphyxie, les hommes se portant à son secours devront être solidement attachés aux cordages du treuil.

Dans le cas d'éboulements, le chef de chantier, ou à défaut un ouvrier, devra immédiatement se rendre compte par lui-même de la situation de l'ouvrier en danger et aussitôt prendre les mesures nécessaires pour éviter, par la pose de nouveaux blindages, des éboulements nouveaux.

18. — Il est absolument interdit de faire usage des échelles de couvreurs ou de peintres.

19. — Il ne doit jamais être établi d'échafaudages au moyen de planches posées sur des tonneaux de chaux ou de ciment, sur des sacs ou des poteries.

20. — A chaque interruption de travail, la chaîne de la sapine devra être solidement fixée au pied de ladite sapine.

Dans le cas de grand vent, la chaîne sera fixée autant que possible à un morceau très lourd placé bien à son centre.

Il ne devra jamais être laissé un morceau suspendu dans les sapines pendant les heures de repos.

Les bardeurs ou autres ouvriers ne devront jamais travailler dans la sapine pendant le montage et la descente, le bardage, le débrayage ou le roulage en haut.

L'extrémité de la chaîne devra toujours être suffisamment chargée pour que le poids de la partie engagée dans le treuil n'entraîne pas la partie envolée et assez élargie pour qu'en cas d'entraînement elle ne puisse passer entre les moises du chapeau.

Quand, pendant la manœuvre du treuil, les chaînons produiront des secousses venant d'un mauvais embrayage dans les noix ou de toutes autres causes, le montage devra être immédiatement suspendu et l'appareil visité et mis au point par un spécialiste.

Les freins ne devront jamais être maniés par secousse, le freinage devant toujours se faire régulièrement.

Les morceaux de pierre à monter, de faible épaisseur, devront toujours être brayés sur des roulins afin d'éviter toute cause de rupture pendant le montage.

21. — *Charretiers.* — Il est expressément interdit aux charretiers :

De monter sur les tombereaux à vide ou en charge en ayant une partie du corps en dehors du tombereau;

De se tenir dans les tombereaux si les chevaux ne sont pas munis de bonnes guides;

De monter dans les tombereaux en marche;

De monter sur les chevaux;

De faire galoper les chevaux sur la voie publique;

De passer sous les chevaux;

De s'éloigner de la tête des chevaux;

De faire quelque manœuvre que ce soit sous le tombereau, celui-ci étant en marche;

De laisser monter sur les tombereaux en dehors des chantiers;

De frapper les chevaux autrement qu'avec la lanière du fouet, celle-ci devant être conforme au règlement.

Avant de culbuter un tombereau ou de faire reculer, le charretier doit s'assurer qu'il ne se trouve à proximité personne pouvant être atteint.

22. — Les présentes prescriptions sont affichées et, par le seul fait de leur embauchage sur les chantiers, les ouvriers déclarent en avoir une parfaite connaissance.

DISPOSITIONS PARTICULIÈRES AUX TRANSPORTS

Véhicules hippomobiles

Charretiers. — Les conducteurs de voitures attelées doivent être âgés de dix-huit ans au moins.

Il est expressément interdit aux charretiers :

De monter sur les tombereaux à vide ou en charge en ayant une partie du corps en dehors du tombereau;

De se tenir dans les tombereaux si les chevaux ne sont pas munis de bonnes guides;

De monter dans les tombereaux en marche;

De monter sur les chevaux;

De faire galoper les chevaux sur la voie publique;

De passer sous les chevaux;

De s'éloigner de la tête des chevaux;

De faire quelque manœuvre que ce soit sous le tombereau, celui-ci étant en marche ou en déchargement;

De laisser monter sur les tombereaux en dehors des chantiers;

De frapper les chevaux autrement qu'avec la lanière du fouet, celle-ci devant être conforme au règlement.

Avant de culbuter un tombereau ou de le faire reculer, le charretier doit s'assurer qu'il ne se trouve à proximité personne pouvant être atteint.

Chevaux. — D'une façon générale, on ne doit pas employer de cheval méchant ou vicieux.

Tout cheval ayant tendance à devenir rueur ou mordeur devra être attelé en conséquence et muni d'une muselière, platelonge, etc Il doit être soigné, attelé ou dételé à l'écurie. On ne doit jamais s'approcher d'un cheval sans le prévenir de la voix.

Il devra toujours y avoir 1 m. 50 entre le mur et le derrière du cheval placé normalement dans sa stalle.

Quand il y a des stalles se faisant vis-à-vis, il doit exister au moins 2 m. 50 entre les derrières des chevaux normalement placés dans leur stalle.

Tombereaux et harnais. — Le matériel roulant et les harnais devront toujours être en parfait état.

Les tombereaux, binards et généralement toutes voitures à deux roues, devront être munis de béquilles fixes ou roulantes.

Les roues devront être châtrées au moins une fois par an.

Les brancards usés devront être remplacés.

Les chaînes de trait ou de recul devront être souvent vérifiées.

Véhicules automobiles

1° *Conducteur*. — La conduite de tout véhicule automobile ne doit être confiée qu'à des personnes âgées de plus de dix-huit ans et munies d'un permis de conduire délivré par l'autorité compétente en France; il convient, en outre, de s'assurer par un examen médical périodique que ces personnes ne sont pas atteintes d'infirmités les rendant inaptes à la conduite d'automobiles, telles que troubles mentaux, lésion organique du cœur, des vaisseaux ou du système nerveux, insuffisance de la vue ou de l'ouïe.

2° *Mise en marche*. — Tout véhicule arrêté doit être mis en marche à l'allure ralentie (art. 5 de l'Ordonnance de la Préfecture de Police de la Seine sur la circulation).

3° *Circulation à droite*. — Tout conducteur doit, toutes les fois qu'il n'y aura pas d'obstacle, prendre la partie de chaussée qui se trouve à sa droite, alors même que le milieu de la chaussée serait libre (art. 6 de l'Ordonnance).

4° *Vitesse*. — La vitesse doit être réduite en cas de brouillard. Il est interdit aux personnes conduisant des véhicules de lutter de vitesse, sur la voie publique, avec d'autres conducteurs de véhicules.

5° *Signal de ralentissement*. — Tout conducteur d'un véhicule obligé à ralentir doit donner un signal, en étendant la main, aux véhicules qui suivent.

6° *Croisement et dépassement*. — Les conducteurs de véhicules automobiles doivent prendre leur droite pour croiser ou se laisser dépasser; ils doivent prendre à gauche pour dépasser.

Ils doivent se ranger à droite à l'approche de tout véhicule ou de tout animal accompagné. Lorsqu'ils sont croisés ou dépassés, ils doivent laisser libre, à gauche, le plus large espace possible et au moins la moitié de la chaussée quand il s'agit d'un véhicule ou d'un troupeau, ou deux mètres quand il s'agit d'un piéton, d'un cycle ou d'un animal isolé.

Lorsqu'ils veulent dépasser un autre véhicule, ils doivent, avant de prendre à gauche, s'assurer qu'ils peuvent le faire sans risquer une collision avec un véhicule ou animal venant en sens inverse.

Il est interdit d'effectuer un dépassement quand la visibilité en avant n'est pas suffisante.

Après un dépassement, un conducteur ne doit ramener son véhicule sur la droite qu'après s'être assuré qu'il peut le faire sans inconvénient pour le véhicule ou l'animal dépassé (art. 9 du Code de la Route).

7°. *Signal de virage*. — Tout conducteur d'un véhicule s'apprêtant à tourner un obstacle ou devant tourner ou virer, doit donner un signal en étendant le bras du côté où il va appuyer.

Tout conducteur qui effectue un virage doit ralentir et garder le plus possible sa droite.

Il est expressément interdit aux véhicules automobiles de virer dans une rue en employant la marche arrière (Ordonnance de la Préfecture de Police de la Seine).

8° *Bifurcations et croisées de chemins*. — Tout conducteur de véhicules abordant une bifurcation où une croisée de chemins doit annoncer son approche et vérifier que la voie est libre, marcher à allure modérée et serrer sur la droite, surtout aux endroits où la visibilité est imparfaite.

En dehors des agglomérations, la priorité aux bifurcations et croisées de chemins est accordée aux véhicules circulant sur les routes nationales et sur les routes et chemins qui leur seraient officiellement assimilés au point de vue de la circulation.

En dehors des agglomérations, à la croisée des chemins de même catégorie au point de vue de la priorité, le conducteur est tenu de céder le passage au conducteur qui vient à sa droite (art. 10 du Code de la Route).

Quelles que soient la longueur et la largeur des voies qui se croisent, lorsque les véhicules abordent un croisement, les conducteurs doivent ralentir suffisamment pour être prêts à s'arrêter sur-le-champ afin de céder le passage au véhicule qui vient à leur droite.

9° *Immobilisation des véhicules pendant leur arrêt*. — Pour éviter la mise en marche inopinée des véhicules arrêtés, il est esentiel qu'au moment de l'arrêt le conducteur mette le levier des vitesses au point mort.

Lorsqu'un camion doit être arrêté au bord d'un trottoir, une excellente précaution consiste à placer les roues d'avant de biais de façon que l'une de ces roues s'appuie sur le bord du trottoir.

10° *Nombre de freins, entretien, vérification et utilisation de ces freins*. — Les automobiles doivent être pourvues de deux freins, à commande et à transmission indépendantes, et assez puissants pour arrêter et immobiliser le véhicule sur les plus fortes déclivités (art. 62 de l'Ordonnance).

L'un au moins des systèmes de freinage doit agir directement et rapidement sur les roues ou les couronnes immédiatement solidaires de celles-ci. Si la voiture comporte un avant-train moteur, l'un des systèmes de freinage doit agir sur les roues arrière du véhicule.

Les freins sont commandés l'un par une pédale, l'autre par un levier. C'est le frein le plus efficace qui est commandé par la pédale. Le levier commande toujours un frein de roues.

Le chauffeur devra apporter toute son attention au bon entretien et au bon réglage de ses freins et ne pas partir sans s'être assuré de leur bon fonctionnement.

Il faut employer de préférence le frein à main pour le ralentissement et le frein à pied avec le frein à main pour l'arrêt brusque.

Pour éviter le dérapage, il faut autant que possible ralentir bien avant d'arriver aux endroits mouillés.

11° *Eclairage des véhicules.* — Dès la chute du jour, les conducteurs doivent allumer les feux blancs de l'avant et le feu rouge de l'arrière.

12° *Changement et arrimage des marchandises transportées.* — Pour éviter des accidents, on doit arrimer solidement avec des chaînes ou des câbles les blocs de pierre destinés à la construction; il faut munir les plaques ou barres métalliques dépassant la longueur de la voiture d'une garniture de protection à leur extrémité débordante. Il ne faut pas charger au-dessus du niveau supérieur des ridelles ou des planches de clôture, les véhicules servant au transport du bois, des pierres, des moellons, des briques, des pavés et de tous autres matériaux dont la chute peut causer des accidents.

Les camions ou remorques transportant des plâtres, détritus ou autres déchets doivent avoir des fonds et des rebords très jointifs.

Il faut munir de bâches ou de tout autre moyen de protection les voitures servant au transport de matières pulvérulentes (art. 85 de l'Ordonnance de la Préfecture de Police de la Seine).

Il faut disposer les feuilles, plaques, battes de métal composant un chargement, de telle sorte qu'elles ne soient pas soumises à des trépidations.

Les chaînes et les autres accessoires mobiles ou flottants doivent être fixés au véhicule de manière à ne pas sortir, dans leurs oscillations, du contour extérieur du véhicule et à ne pas traîner sur le sol (art. 38 de l'Ordonnance).

13° *Position sur la plate-forme des camions des ouvriers transportés.* — Il doit être interdit aux ouvriers transportés par camion de rester debout sur la plate-forme ou d'être assis sur la partie supérieure du rebord de la caisse du camion.

14° *Mesures préventives contre l'incendie des véhicules automobiles.* — Le conducteur doit vérifier le bon fonctionnement du graissage car, en cas d'insuffisance ou de cessation de graissage, les articulations s'échauffent ainsi que le piston, l'huile se vaporise et brûle.

Il faut aussi que le plancher de la caisse du véhicule soit bien jointif, car, dans bien des cas, les incendies des autos proviennent de ce qu'un objet combustible passant à travers les fentes des planchers vient s'enflammer contre les parties échauffées et provoque un commencement d'incendie de la voiture.

Il faut tenir très propre l'intérieur du capot et surtout ne pas laisser en dessous du carburateur des chiffons, de la graisse et autres matières combustibles qui peuvent alimenter un commencement d'incendie.

15° *Circulation des automobiles avec remorque.* — La circulation d'automobiles avec remorque n'est autorisée que dans les conditions ci-après :

a) La longueur totale du tracteur et de sa remorque ne doit pas dépasser 12 mètres. Le dispositif d'attelage doit présenter toutes les garanties nécessaires de solidité;

b) L'attelage au moyen de cordes ou de tout autre dispositif de fortune n'est toléré qu'en cas de nécessité absolue; le lien d'attache ne doit pas excéder 4 mètres;

c) La remorque est dispensée des feux d'avant, le feu arrière du tracteur doit être reporté à l'arrière de la remorque;

d) Même lorsque le poids en charge du tracteur est inférieur à 3.000 kilogrammes, la vitesse d'une automobile avec remorque ne peut dépasser 30 kilomètres à l'heure.

Les trains comprenant plusieurs remorques ne peuvent être admis à circuler qu'après autorisation spéciale de la Préfecture de Police de la Seine.

ANNEXES

CODE DU TRAVAIL, livre II, titre II, chapitre 1ᵉʳ

Art. 65. — Sont soumis aux dispositions du présent chapitre les manufactures, fabriques, usines, chantiers, ateliers, laboratoires, cuisines, caves et chais, magasins, boutiques, bureaux, entreprises de chargement et de déchargement (L. 31 décembre 1912), « théâtres. cirques et autres établissements de spectacles » et leurs dépendances. de quelque nature que ce soit, publics ou privés, laïques ou religieux, même lorsque ces établissements ont un caractère d'enseignement ou de bienfaisance.

Sont seuls exceptés les établissements où ne sont employés que les membres de la famille sous l'autorité soit du père, soit de la mère. soit du tuteur.

Néanmoins, si le travail s'y fait à l'aide de chaudières à vapeur ou de moteurs mécaniques, ou si l'industrie exercée est classée au nombre des établissements dangereux ou insalubres, l'inspecteur a le droit de prescrire les mesures de sécurité et de salubrité prévues par le présent chapitre et le chapitre II ci-après.

Art. 66. — Les établissements visés à l'article précédent doivent être tenus dans un état constant de propreté et présenter les conditions d'hygiène et de salubrité nécessaires à la santé du personnel.

Ils doivent être aménagés de manière à garantir la sécurité des travailleurs.

Les machines, mécanismes, appareils de transmission, outils et engins doivent être installés et tenus dans les meilleures conditions possibles de sécurité.

Art. 66 a. — Les ouvriers appelés à travailler dans les puits, conduites de gaz, canaux de fumée, fosses d'aisance, cuves ou appareils quelconques pouvant contenir des gaz délétères doivent être attachés par une ceinture ou protégés par un autre dispositif de sûreté.

Les puits, trappes et ouvertures de descente doivent être clôturés.

Les moteurs doivent être isolés par des cloisons ou barrières de proection.

Les escaliers doivent être solides et munis de fortes rampes.

Les échafaudages doivent être munis de garde-corps rigides de 0 m. 90 de haut.

Les pièces mobiles suivantes des machines et transmissons : bielles et volants de moteur, roues, arbres de transmission, engrenages, cônes ou cylindres de friction, doivent être munies d'un dispositif protecteur ou séparées des ouvriers à moins qu'elles ne soient hors de portée de la main.

Il en est de même des courroies ou câbles traversant le sol d'un atelier ou fonctionnant sur des poulies de transmission placées à moins de deux mètres du sol.

Le maniement à la main des courroies en marche doit être évité par des appareils adaptés aux machines ou mis à la disposition du personnel.

ART. 66 *b*. — Il est interdit à toute personne d'introduire ou de distribuer et à tout chef d'établissement, directeur, gérant, préposé, contremaître, chef de chantier et en général à toute personne ayant autorité sur les ouvriers et employés, de laisser introduire ou de laisser distribuer dans les établissements visés à l'article 65 du livre II du Code du Travail et de la Prévoyance sociale, pour être consommées par le personnel, toutes boissons alcooliques autres que le vin, la bière, le cidre, le poiré, l'hydromel non additionnés d'alcool.

Il est interdit à tout chef d'établissement, directeur, gérant, préposé, contremaître, chef de chantier et en général à toute personne ayant autorité sur les ouvriers et employés, de laisser entrer ou séjourner dans les établissement visés à l'article 65 du Livre II du Code du Travail et de la Prévoyance sociale, des personnes en état d'ivresse.

ART. 67. — Des règlements d'administration publique déterminent :

1° Les mesures générales de protection et de salubrité applicables à tous les établissements assujettis, notamment en ce qui concerne l'éclairage, l'aération ou la ventilation, les eaux potables, les fosses d'aisances, l'évacuation des poussières et vapeurs, les précautions à prendre contre les incendies, le couchage du personnel, etc. ;

2° Au fur et à mesure des nécessités constatées, les prescriptions particulières relatives soit à certaines professions, soit à certains modes de travail.

ART. 68. — En ce qui concerne l'application des règlements d'administration publique prévus par l'article précédent, les inspecteurs, avant de dresser procès-verbal, mettent les chefs d'établissement en demeure de se conformer aux prescriptions desdits règlements.

ART. 69. — Cette mise en demeure est faite par écrit sur le registre prévu à cet effet par l'article 90 *a*. Elle sera datée et signée, indiquera les contraventions constatées et fixera un délai à l'expiration duquel ces contraventions devront avoir disparu. Ce délai, qui ne pourra en aucun cas être inférieur à quatre jours, devra être fixé en tenant compte des circonstances à partir du minimum établi pour chaque cas par le règlement d'administration publique,

Art. 70. — Avant l'expiration du délai prévu à l'article précédent, et au plus tard dans les quinze jours qui suivront la mise en demeure, le chef d'établissement adresse, s'il le juge convenable, une réclamation au Ministre du Travail. Cette réclamation est suspensive; elle est soumise, après enquête, au Comité Consultatif des Arts et Manufactures, qui entend le réclamant, s'il y a lieu. Lorsque l'obéissance à la mise en demeure nécessite des transformations importantes portant notamment sur le gros œuvre de l'établissement, le Ministre accorde au réclamant le délai qui aura été reconnu nécessaire et suffisant par le Comité Consultatif des Arts et Manufactures. La durée de ce délai ne dépassera jamais dix-huit mois.

Notification de la décision est faite au chef d'établissement dans la forme administrative; avis en est donné à l'inpecteur.

*
* *

Sanctions

Les sanctions applicables aux chefs d'établissement directeurs ou préposés qui auraient contrevenu aux prescriptions du décret du 9 août 1925 sont déterminées par le Code du Travail, Livre II, Titre IV, article 173 et suivants, qui sont reproduits ci-dessous.

Art. 173. — Les chefs d'établissements, directeurs, gérants ou préposés qui ont contrevenu aux dispositions des chapitres I et IV du titre II du présent livre et des règlements d'administration publique relatifs à leur exécution sont poursuivis devant le Tribunal de simple police et punis d'une amende de 5 à 15 francs.

L'amende est appliquée autant de fois qu'il y a de contraventions distinctes constatées par le procès-verbal, sans toutefois que le chiffre total des amendes puisse excéder 200 francs.

Art. 174. — En cas de contraventions aux dispositions du chapitre premier du titre II du présent livre et des règlements d'administration publique prévus pour leur exécution, le jugement fixe en outre le délai dans lequel sont exécutés les travaux de sécurité et de salubrité imposés par lesdites dispositions.

Art. 175. — Si, après une condamnation prononcée en vertu de l'article précédent, les mesures de sécurité ou de salubrité n'ont pas été exécutées dans le délai fixé par le jugement qui a prononcé la condamnation, l'affaire est, sur un nouveau procès-verbal, portée devant le tribunal correctionnel qui peut, après une nouvelle mise en demeure restée sans résultat, ordonner la fermeture de l'établissement.

Le jugement est susceptible d'appel; la Cour statue d'urgence.

Art. 176. — En cas de récidive, le contrevenant est poursuivi devant le tribunal correctionnel et puni d'une amende de 50 à 500 francs sans que la totalité des amendes puisse excéder 2.000 francs.

Il y a récidive lorsque le contrevenant a été frappé, dans les douze mois qui ont précédé le fait qui est l'objet de la poursuite, d'une première condamnation pour infraction aux dispositions visées dans l'artcle 173.

DÉCRET DU 13 MAI 1893

Art. — Il est interdit de préposer des enfants de moins de seize ans à des travaux exécutés à l'aide d'échafaudages volants, pour la réfection ou le nettoyage des maisons.

PREMIERS SOINS A DONNER AUX VICTIMES D'ACCIDENTS

La promptitude des premiers secours a une importance considérable pour les suites des accidents; il est donc indispensable de faire donner des soins immédiats à tout blessé, quand bien même la blessure paraîtrait ne présenter aucune gravité.

1° *Accidents graves*

Pour tout accident ayant une certaine gravité, il faut faire conduire en voiture le blessé à l'hôpital le plus rapproché, à moins qu'il ne s'y refuse et demande à être ramené à son domicile, auquel cas on devra le faire conduire à l'adresse qu'il indiquera.

En attendant l'arrivée de la voiture, le chef de chantier, aidé par un ou plusieurs compagnons, soulève délicatement le blessé, le transporte dans un endroit où il sera bien à l'abri du vent et des intempéries, et le couche sur un lit fait sur terre plane avec des vêtements et des sacs.

S'il s'agit d'une fracture de jambe, il faut fixer la jambe cassée à l'autre, à l'aide de linges ou mouchoirs et laisser les deux jambes dans la position horizontale.

Si c'est un bras qui a été cassé, il faut l'attacher au corps par des linges ou mouchoirs.

Pour toute blessure des jambes et des pieds : fracture, luxation, entorse, il faut empêcher le blessé de marcher ou de se tenir debout.

Aussitôt la voiture arrivée, on y transporte délicatement le blessé et on le fait accompagner à l'hôpital ou à son domicile, s'il l'a demandé.

2° *Accidents peu graves*

On ne doit jamais toucher aux écorchures, plaies, brûlures et piqûres; il ne faut ni les nettoyer, ni les recouvrir d'amadou, de cataplasmes ou de toile d'araignée; s'il s'agit d'une blessure à l'œil, il faut, pour éviter l'infection, ne pas y porter les mains ni l'essuyer avec un mouchoir.

Aussitôt l'accident arrivé, le chef de chantier doit conduire le blessé chez le pharmacien le plus rapproché pour qu'il soit fait un pansement provisoire.

Lorsque le blessé a été pansé et est en état de rentrer à son domicile, le chef de chantier détache de son carnet la fiche destinée à prévenir le médecin, et prend les dispositions nécessaires pour que celui-ci soit avisé, en se conformant strictement aux instructions portées sur la fiche.

3° *Hémorragies*

Pour les blessures saignant peu, il ne faut pas essuyer le sang pour essayer de l'arrêter, car il s'arrêtera de couler lui-même.

Lorsqu'un saignement très fort se prolonge, on doit enlever le vêtement qui recouvre la blessure, serrer fortement le membre au-dessus et au-dessous de la plaie et faire accompagner le blessé chez le médecin ou le pharmacien le plus proche.

4° *Syncopes. — Coups de chaleur*

Dans le cas de syncope déterminée par une perte de sang, un coup de chaleur, un coup de froid ou une décharge électrique, il faut étendre le blessé sur le dos, la tête basse, desserrer le cou, ouvrir les vêtements pour dégager la poitrine et frotter vivement les joues avec la main, les fouetter ainsi que la poitrine avec un linge mouillé.

Déclarations d'accidents

Le chef de chantier doit, le jour même de l'accident, aviser le chef d'entreprise au moyen de la déclaration d'accident n° 1 contenue dans son carnet.

Aussitôt en possession de cette feuille, le chef d'entreprise ou son représentant accomplit les formalités énoncées dans l'aide-mémoire imprimé sur la couverture de son registre de déclarations d'accidents.

Ces prescriptions sont applicables pour les travaux exécutés dans les villes où on a plus aisément des secours à proximité du chantier. Pour les travaux exécutés loin de toute agglomération urbaine, des instructions spéciales seront adressées aux entrepreneurs lorsqu'ils feront au Syndicat la déclaration de travaux prescrite par les statuts.

TABLE DES MATIÈRES

RÈGLEMENT DE PRÉVENTION

ANNEXES

IMP. DE MEULAN (S.-ET-O.). — L. LAMBERT